Prof. Dr. Rainer Veyhl

Kraftwirkung und Energieübertrag einer Karate-Technik

Physikalische Betrachtung und praktische Anwendung

Prof. Dr. Rainer Veyhl

Kraftwirkung und Energieübertrag einer Karate-Technik

Physikalische Betrachtung und praktische Anwendung

3. Auflage Oktober 2023

Bibliografische Information der Deutschen Nationalbibliothek: Die Deutsche Nationalbibliothek verzeichnet diese Publikation in der Deutschen Nationalbibliografie; detaillierte bibliografische Daten sind im Internet über dnb.dnb.de abrufbar.

Herstellung und Verlag: BoD - Books on Demand, Norderstedt

ISBN: 978-3-7583-0002-8

Vorwort

Das Buch wendet sich an Kampfsportler, die ihre Techniken nicht nur rein intuitiv beherrschen, sondern auch die Funktionalität einer Kampftechnik verstehen wollen, um dann gezielter trainieren zu können. Dies ist ein anderer Ansatz als ein ausschließlich körperliches Training. In dem Buch wird beschrieben und hergeleitet, wie man eine bestimmte Technik zu hoher Wirkung bringen kann. Die Optimierung dieser Technik erfolgt dadurch, dass man versteht, wie die Technik physikalisch wirkt.

Seit 1977 trainiere ich Shotokan-Karate. Durch mein Studium der Physik habe ich schon früh erkannt, dass es hilfreich ist, die physikalischen Zusammenhänge von Bewegungen zu verstehen. Wenn man diese Physik verinnerlicht hat, fällt es leichter, dies in der eigenen Motorik umzusetzen in automatisierte Bewegung, in der dann keine kognitive Steuerung mehr erfolgt.

Ich würde mich freuen über konstruktive Kritik oder andere Antworten. Ebenfalls freue ich mich auf eventuelle neue Begegnungen mit anderen Kampfkünstlern in dem Sinne, dass Jeder von Jedem lernen kann.

Inhalt

II

1 Einleitung

In diesem Buch möchte ich aufzeigen, dass alle Kampfkünste etwas eint.

Sie haben das gleiche Ziel: Durch ihre Beherrschung soll man wehrhafter werden gegenüber körperlichen Angriffen.

Alle Kampfkünste und deren Techniken unterliegen denselben physikalischen Gesetzmäßigkeiten. Wenn man diese Gesetzmäßigkeiten und deren Umsetzungen im Körper versteht, kann man durch optimierte Bewegungen lernen, möglichst viel Kraft aufzubringen und ebenfalls möglichst viel Energie in den gegnerischen Körper einzukoppeln.

In diesem Buch werde ich die prinzipielle physikalische Wirkung von bestimmten Karate-Techniken beschreiben. Dabei werde ich mich auf Schlag- und Stoßtechniken beschränken. Alle physikalischen Zusammenhänge werden so erklärt, dass sie auch dem Laien zugänglich sind. Die wichtigsten physikalischen Größen, auf die ich eingehe, sind Geschwindigkeit, Beschleunigung, Kraft, Energie und Impuls.

2   Schlag-Arten und -Auswahl

Es gibt sehr viele verschiedene Arten von Schlägen. Das resultiert
allein daraus, mit welchem Körperteil geschlagen wird und auf
welchen Körperteil geschlagen wird. Es ist ein Unterschied, ob
man mit dem festen Faust-Knöchel auf Gewebe wie z.B. Bauch-
muskel und Bauchfett schlägt oder ob man mit dem relativ weichen
Handballen auf feste Körperteile wie den Schädel schlägt. Hier
werden zur Übersicht verschiedene Aspekte des Schlagenden und
des Geschlagenen aufgezeigt:

Schlagender	Geschlagener
mit hartem Körperteil	auf harten Körperteil
mit weichem Körperteil	auf weichen Körperteil
aus der Bewegung	in der Bewegung
aus dem Stand	im Stand

Auch können Ausführungen des Schlages unterschiedlich sein:

- frontal
- seitlich
- streifend
- oberflächlich
- durchdringend

Aus physikalischer Sicht sind zusätzlich noch Unterschiede zu
behandeln, ob reine Kräfte wirken sollen oder auch Drehmomente.

Jede dieser möglichen Kombinationen aller Aspekte erfordert
unterschiedliche Schlagformen. Allein aus der Vielfalt dieser
Kombinationsmöglichkeiten ergibt sich, dass es nicht „den
richtigen Schlag" gibt. Effizient zu schlagen ist also ein komplexer
Vorgang mit sehr unterschiedlichen Formen.

In diesem Buch beschränke ich mich auf eine einzige, sehr einfache Kombination.

Der Schlag oder Stoß, den ich beschreibe, erfolgt mit einem harten Körperteil auf einen weichen Körperteil. Der Schlagende und der Geschlagene sind im Stand, und der Aufprall erfolgt frontal.

Wenn man allerdings diese Art des Schlages oder Stoßes beherrscht, kann man seine Bewegungen weiterentwickeln in andere Formen des Stoßes.

Dass ich diese exemplarische Kombination ausgesucht habe, lässt den Leser, der Kampfkunst bestreitet, schon erkennen, dass mein Hintergrund Shotokan ist.

3 Grundlagen der Energie-Formen

Eine Schlag- oder Stoß-Technik hat das Ziel, den Körper, der geschlagen wird, zu beeinträchtigen. Eine solche Beeinträchtigung besteht z. B. darin, dass ein geschlagener Körperteil des Gegners zerstört, verletzt oder zumindest in seiner Funktion eingeschränkt wird. Um dies zu erreichen, muss Energie vom Stoßenden (i. f. Tori) auf den Gestoßenen (i. f. Uke) übertragen werden. Der Zeitraum und das Geschehen, in dem sich die beiden Körper berühren und in dem dabei Energie ausgetauscht wird, nenne ich den Übertrag.

Die Art des Energieübertrages und die Effizienz einer Bewegung, die diesen ermöglicht, versteht man erst, wenn man die verschiedenen Energieformen, die dabei auftreten, verstanden hat.

Darum werden die Energieformen, die bei einem Übertrag von Bedeutung sind, in diesem Kapitel vorab behandelt. Es sind die Bewegungs-Energie und die Verformungs-Energie. (Die Schwingungs-Energie werde ich vernachlässigen). Diese beiden Energieformen werden in den folgenden Unterkapiteln beschrieben. Dabei gehe ich nur auf die spezifische Ausprägung ein, die bei einem Schlag oder Stoß von Bedeutung ist.

3.1 Bewegungs-Energie

Wie das Wort schon sagt, beinhaltet jeder Körper, der sich bewegt, eine Energie nur aufgrund der Bewegung. Das verstehen schon Kinder intuitiv. Jeder wird einem heranfliegenden Stein ausweichen, um nicht getroffen zu werden. Man muss keine Physik verstanden haben, um zu wissen, dass die Bewegungs-Energie des Steins Schaden und Schmerzen bereiten kann.

Die Bewegungs-Energie eines Körpers ist abhängig von der Masse
und der Geschwindigkeit.

$$E_{Bew} = \frac{1}{2} \cdot m \cdot v^2$$

Formel 1

In dieser Formel ist m die Masse und v die Geschwindigkeit.

Die Masse geht also proportional und die Geschwindigkeit quadratisch in die Bewegungs-Energie ein. Hier ein Beispiel: Verdoppelt
sich die Masse, verdoppelt sich die Energie. Verdoppelt sich die
Geschwindigkeit, vervierfacht sich die Energie, weil die Geschwindigkeit quadratisch eingeht.

Diese Energie ist diejenige, die von Tori aufgebracht wird und auf
Uke wirkt.

Während der Berührung wird die Bewegungs-Energie, die Tori
aufbringt, auf den Körper von Uke übertragen (deshalb Übertrag).
Dabei wird diese Energie aufgeteilt. Ein Teil der übertragenen
Energie wird bei Uke ebenfalls zur Bewegungs-Energie werden.
Ein anderer Teil wird als Verformungs-Energie wirksam. Dieser
Teil der Energie geht also in den Körper von Uke hinein.

3.2 Verformungs-Energie

Die Wirkung dieser Energie steht schon im Namen. Der Körper
von Uke wird durch die auftreffende Bewegungs-Energie verformt.
Diese Verformung kann reversibel sein oder auch unumkehrbar,
also bleibend. Bei einem Schlag, z. B. auf den Bauch, wird der
Bauch erst nach hinten verformt werden. Wenn die Kraftein-

wirkung nachlässt, wird sich diese Verformung aber zurückentwickeln und der Bauch kommt dann nach dem Schlag in aller Regel in seine ursprüngliche Form wieder zurück.

Im äußersten Fall aber kann die Verformung, die durch eine Schlageinwirkung entstand, so stark sein, dass der getroffene Körperteil dieser Verformung nicht stand hält und zerreißt oder zerbricht.

Diese Art des Übertrags, bei der Bewegungs-Energie in Verformungs-Energie umgesetzt wird, kommt in allen Kampfkünsten vor, in denen geschlagen oder gestoßen wird. Die Verformung durch einwirkende Kraft entsteht auch bei unterschiedlichen Dynamiken des ursächlichen Stoßes. (Ich werde einen unendlich langsamen Stoß nicht betrachten. Der würde den geschlagenen Körper lediglich wegschieben).

4 Der Prozess des Energiewandels

Wie oben schon einmal erläutert, nenne ich den Prozess und den
Zeitraum, in dem die von Tori aufgebrachte Energie auf Uke wirkt,
den Übertrag, weil Energie von Tori auf Uke übertragen wird. Der
Übertrag ist der gesamte Zeitraum, in dem sich beide berühren.
Von Tori geht Bewegungs-Energie aus und diese Energie wird auf
Uke übertragen.

4.1 Energieformen in Uke

Wenn Uke einen Schlag erhält von Tori, dann wird Energie auf ihn
übertragen. Bei Uke entstehen dann nennenswerter Weise zwei
verschiedene Energien, die ich ebenfalls oben genannt hatte: Bewegungs-Energie und Verformungs-Energie.

Der wichtige Unterschied dieser zwei in Uke entstehenden Energie-
Formen ist deren Wirkung in Uke. Wenn durch den Übertrag in
Uke Bewegungs-Energie entsteht, wird Uke in Kraft-Richtung
lediglich weggeschoben oder gestoßen. Die Wirkung bezieht sich
also auf den gesamten Körper, wirkt aber nicht in den Körper von
Uke hinein. Bei einer Umwandlung von Toris Bewegungs-Energie
in Verformungs-Energie bei Uke werden Körperteile von Uke verformt. Diese Energie wirkt also in den Körper von Uke hinein.

Aufgrund dieser Sachverhalte muss ein Schlag, der merkliche
Wirkung im Körper von Uke haben soll, so ausgeführt werden,
dass möglichst viel Energie zu Verformungs-Energie gewandelt
wird. Das bedeutet auch, dass der Schlag oder Stoß möglichst

wenig Bewegungs-Energie von Uke erzeugen sollte. Wie ein solcher Schlag oder Stoß ausgeführt werden muss, erkennt man, wenn man die Entstehung der beiden Energieformen näher betrachtet.

4.1.1 Entstehung von Bewegungs-Energie bei Uke

Der Energieübertrag entsteht durch eine Kraftwirkung auf Uke. Wenn eine Kraft auf einen starren Körper wirkt, wird dieser Körper beschleunigt. Auch hier ist wieder eine Vereinfachung, dass der gestoßene Körper sich wie ein starrer Körper verhält, der sich beim Übertrag nicht verformt.

Formel 2 $\qquad \vec{F} = m \cdot \vec{a}$

F ist die Kraft, m ist die Masse und a ist die Beschleunigung. Die Pfeile auf F und a zeigen, dass dieser Wert eine Richtung beinhaltet (Vektor).

Wenn diese Beschleunigung eine gewisse Zeit lang anhält, wird die Masse eine Geschwindigkeit annehmen. (Zur Vereinfachung nehme ich an, dass der Körper nahezu reibungsfrei ist, also im Körper keine feste Verbindung zum Boden besteht). Die Kraft bewirkt eine Bewegung des Körpers, auf den sie wirkt.

$$\int_{0}^{t} \vec{F} \cdot dt = \int_{0}^{t} m \cdot \vec{a} \cdot dt = m \cdot \vec{v}(t) = p(t)$$

Formel 3

v(t) ist die Geschwindigkeit zur Zeit t, p(t) ist der Impuls.

(Nicht aufhören zu lesen! Ich erkläre weiter und vereinfache!)

Die Integration über die Kraft ist notwendig, wenn die Kraft im Verlauf des Übertrages nicht konstant ist, sondern sich während des Übertrages ändert. Um diese etwas komplexere Rechenweise zu

16

umgehen, vereinfache ich nun weiter, dass die Kraft während des gesamten Übertrages konstant bleibt. Dann wird aus der Integration eine einfache Multiplikation, und die obige Formel vereinfacht sich zu:

$$\vec{F} \cdot t = m \cdot \vec{a} \cdot t = m \cdot \vec{v}(t) = p(t)$$

Formel 4

Ich werde jede Stufe dieser Gleichung erklären. Im ersten Teil steht, dass eine Kraft F wirkt und dies über eine Zeit t. Im zweiten Teil ist die Kraft F ausgedrückt durch das Produkt aus Masse und Beschleunigung (siehe Formel 2). Im dritten Teil ist das Produkt aus Beschleunigung a und Zeit t ersetzt mit der Geschwindigkeit, die die Masse in der Zeit t erreicht, wenn sie über die Zeit t mit a beschleunigt wird. Im letzten Teil ist das Produkt aus Masse und Geschwindigkeit ersetzt mit der physikalischen Größe, die daraus entsteht, dem Impuls.

Was bei einem solchen Übertrag entsteht, kann man auch ganz einfach ausdrücken. Wenn eine Bewegungs-Energie über eine Kraft auf einen Körper wirkt und keine andere Energieform entsteht, dann wird der gestoßene Körper weggeschoben. Aus der Ursache, der Bewegungs-Energie von Tori, entsteht die Wirkung, die Bewegungs-Energie von Uke. Ein einfaches Bild ist der Stoß zweier Kugeln, die in etwa gleiche Masse und Größe haben. Eine Kugel ruht und die andere kommt mit einer Geschwindigkeit heran und stößt die ruhende Kugel zentral. Bei einem solchen Stoß bleibt die stoßende Kugel, die sich vor dem Stoß bewegt hat, liegen und die vorher ruhende Kugel rollt mit annähernd der Geschwindigkeit, mit der die stoßende Kugel ankam, weiter. (Vollkommen elastischer Stoß ohne Reibung).

Ähnliche Überträge kennt man aus Kampfformen wie z.B. Sumo-Ringen.

Die Kampfkünste, die durch Schlagen und Stoßen den Gegner beeinträchtigen wollen und nicht durch z.B. Schieben oder Werfen, haben zum Ziel möglichst viel Energie in den Körper des Gegners hinein wirken zu lassen. Es soll also möglichst viel Verformungs-Energie und möglichst wenig Bewegungs-Energie in Uke erzeugt werden. Der beste Übertrag ist der, bei dem der Geschlagene sich nach dem Übertrag nicht in Kraftrichtung bewegt. Dabei wird durch den Übertrag nahezu kein Impuls bei Uke erzeugt.

Wie man möglichst wenig Energie in Bewegungs-Energie überträgt, kann man an der Formel 4 ablesen. Wenn Tori auf Uke auftrifft, wirkt eine Kraft. Diese Kraft von Tori wirkt so lange, wie Tori Uke berührt (auch wenn sich die Kraft in dieser Kontaktzeit verändert).

Bei diesem Übertrag soll eine große Kraft (F) wirken (erster Teil von Formel 4). Es soll aber kein oder zumindest nur ein sehr kleiner Impuls (p) in Uke erzeugt werden. Der geschlagene Körper von Uke soll also durch den Stoß von Tori möglichst nicht bewegt werden. Anders ausgedrückt: Es soll durch den Übertrag keine Bewegungs-Energie in Uke erzeugt werden.

Wie das erreicht werden kann, sieht man am ersten Term der Formel 4. Wenn die Kraft F sehr groß ist (erster Teil der Formel 4), der Impuls aber sehr klein bleiben soll (letzter Teil der Formel 4), dann muss die Zeit t im ersten Teil der Formel 4 extrem klein sein, damit auch das Produkt aus Kraft und Zeit klein bleibt.

Durch eine extrem kurze zeitliche Wirkung des Stoßes wird Uke kaum bewegt.

Eine Technik, die viel Energie in den Gegner einkoppeln soll, aber wenig Bewegungs-Energie erzeugen soll, funktioniert also nur, wenn die Zeit der Berührung extrem klein ist. Wenn die Berührung nur eine kurze Zeit dauern soll, folgt daraus, dass die Geschwindigkeit des stoßenden Körperteils sehr groß sein muss.

Überträge, die anteilig wenig Bewegungs-Energie und anteilig hohe Verformungs-Energie erzeugen, müssen mit sehr hoher Geschwindigkeit ausgeführt werden.

Messungen, die ich in einem Hochschul-Labor durchgeführt habe, ergaben, dass die Zeit des Kontaktes bei geübten Kampfsportlern in der Größenordnung von Milli-Sekunden lag. Das sind also nur wenige tausendstel Sekunden oder noch weniger. Um solche kurzen Zeiten der Berührung überhaupt messen zu können, muss die Mess-Apparatur auch in der Lage sein solche kurzen Zeiten aufzulösen. Viele Messapparate und Elektroniken haben aber selbst Systemzeiten, die mehrere Millisekunden betragen. Diese Systemzeiten geben an, wie breit das Signal ist, wenn man einen Nadel-Impuls misst. Mechatronische Mess-Apparate zu bauen, die so kurze Zeiten auflösen können, ist mechanisch und elektrisch keine einfache Aufgabe. Die Apparatur, mit der wir die Messungen gemacht haben, hatte eine Systemzeit von ca. 0,5 Milli-Sekunden.

4.1.2 Entstehung von Verformungs-Energie in Uke

Bei der Verformungs-Energie wird Materie durch die Einwirkung von Energie aus der ursprünglichen Form in eine andere Form gebracht. Während dieses Übertrages entsteht mechanische Spannung in dem Gewebe oder dem gesamten Körper von Uke. Die folgenden Rechnungen sind der Einfachheit halber eindimensionale Modellrechnungen. Der vollständige Sachverhalt müsste dreidimensional gerechnet werden und auch Kompressionen beinhalten. Dies würde aber nicht zu einem qualitativ anderen Ergebnis führen.

Der Zusammenhang zwischen der wirkenden Kraft und der Strecke der Verformung ist proportional.

$$\textit{Formel 5} \qquad \vec{F} = -D \cdot \vec{s}$$

Dabei ist F die Kraft
D eine Materialkonstante des Materials, das verformt wird (Körperteil von Uke)
und s ist die Strecke, über die die Verformung geht

Diese Formel gilt z.B. auch für eine Stahl-Feder. Wenn man eine Kraft auf eine Feder ausübt, dann wird sie gestreckt oder gelängt, je nach Richtung. Die Kraft F, die wirkt, ist proportional zur Auslenkung s. Die Proportionalitätskonstante ist D.

Diese Formel möchte ich ein wenig erläutern in Hinsicht auf eine Stoßtechnik. Wenn Tori mit einer Kraft F einen Stoß auf Uke macht, verformt sich das Gewebe von Uke (wie bei einer Feder). Diese Verformung wird immer weiter fortschreiten so lange, bis durch die Verformung und die dadurch entstehende Spannung im Gewebe eine Gegenkraft erzeugt wird, die der Kraft von Tori gleich ist. Die Formel 5 gilt also am Endpunkt der Stoßtechnik, wenn z.B. Toris Faust in Ukes Bauch eingedrungen ist. So lange die Kraft F von Tori größer ist als die Gegenkraft (-D·s), wird der Körper hinter der Aufschlagfläche weiter verformt.

Wenn man die Richtung der Kraft und der Auslenkung nicht betrachtet und nur mit den Beträgen dieser Größen rechnet, vereinfacht sich dies wieder zum folgenden Ausdruck:

$$\textit{Formel 6} \qquad F = D \cdot s$$

Je größer die Kraft ist, desto mehr wird proportional auch der geschlagene Körper verformt.

20

Eine solche Verformung speichert Energie. Wenn eine Stahl-Feder durch eine einwirkende Kraft verformt wird, dann ist in ihr Energie gespeichert, die dann frei wird, wenn die äußere Kraft wegfällt (außer es kommt zum Bruch oder zum Riss des Materials). Durch eine Verformung wird also Energie in das Material eingekoppelt, auf das die Kraft wirkt. Die Kausalkette ist folgende:

Kraft wirkt auf Material

$\rightarrow$ Material wird verformt

$\rightarrow$ Energie wird in Material eingekoppelt

Die Energie, die durch einen solchen Schlag übertragen wird, gebe ich hier nur an ohne sie mathematisch herzuleiten.

Die gesamte Verformungs-Energie, die beim Übertrag in Uke hinein wirkt, ist in der folgenden Gleichung beschrieben:

$$E_{Verformung} = \frac{1}{2} \cdot D \cdot s^2$$

Formel 7

Wenn man aus der Formel 6 das Produkt aus D·s ersetzt mit der Kraft F, dann kann man erkennen, dass in der Energie die Kraft und die Verformungs-Strecke enthalten sind.

$$E_{Verformung} = \frac{1}{2} \cdot D \cdot s^2 = \frac{1}{2} \cdot F \cdot s$$

Formel 8

Die Energie, die in das System eingekoppelt wird, ist also nur abhängig von der wirkenden Kraft und der Verformungsstrecke. Die Länge der Verformungsstrecke wiederum ist bei einer vorgege-benen Kraft abhängig von der Materialkonstanten D. Stellt man die Formel 6 um, so erhält man:

$$s = \frac{F}{D}$$

Formel 9

Ersetzt man s im rechten Teil der Formel 8, erhält man:

Formel 10

$$E_{\text{Verformung}} = \frac{1}{2} \cdot D \cdot s^2 = \frac{1}{2} \cdot F \cdot s = \frac{1}{2} \cdot F \cdot \frac{F}{D} = \frac{1}{2} \cdot \frac{F^2}{D}$$

$$E_{\text{Verformung}} = \frac{1}{2} \cdot \frac{F^2}{D}$$

Die Verformungs-Energie ist also nur abhängig von der wirkenden Kraft (und natürlich von der Art des Gewebes, auf das die Kraft wirkt). Die wirkende Kraft von Tori geht quadratisch ein. Bei Verdopplung der Kraft wird also viermal so viel Verformungsenergie erzeugt.

Wie man aber sehen kann, ist in keiner dieser Gleichungen die Zeit enthalten. Der Anteil der Energie, der in Verformungsenergie in Uke gewandelt wird, ist also nicht abhängig davon, wie lange die Kraft wirkt. Sie ist lediglich von der Größe der Kraft abhängig.

4.2 Fazit zum Energieübertrag

Wenn man eine Schlag- oder Stoßtechnik anwenden will, die den Gegner verletzt, dann ist dies nur möglich, wenn physikalische Energie auf den Gegner übertragen wird. Welche Art der Energie auf Uke übertragen wird, ist entscheidend dafür, wie eine Technik auf den Körper wirkt. Wenn der Übertrag zusätzlich zur Energie auch einen hohen Impuls überträgt, dann wird der Gegner lediglich weggeschoben oder geschubst, weil ein physikalischer Impuls immer mit einer Bewegung, also einer Geschwindigkeit, verbunden ist. Dieser Teil der übertragenen Energie, der in eine Bewegungs-Energie in Uke übergeht, wirkt dann aber nicht in den Körper von Uke hinein. Der Anteil der Energie, der bei Uke in Bewegungsenergie umgeformt wird, ist abhängig von der Dauer der einwirkenden Technik. Je langsamer der Schlag erfolgt, desto mehr wird Bewegungs-Energie erzeugt in Uke. Wenn also die Schlagtechnik nur kurz andauert, wird wenig physikalischer Impuls übertragen und damit auch wenig der übertragenen Energie in Bewegungs-Energie überführt.

Aus diesen beiden Aspekten folgt, dass, wenn man einen großen Anteil der übertragenen Energie in Verformungs-Energie überführen will, die Einwirkungsdauer der Technik sehr kurz sein muss. Dies ist nur dann zu erreichen, wenn die Technik mit hoher Geschwindigkeit ausgeführt wird, weil Techniken mit hoher Geschwindigkeit nur für sehr kurze Zeit in Uke wirken.

5 Die Wirkung von Dämpfungsgliedern

Wenn zwei Festkörper miteinander stoßen, ist die Art des Stoßes stark abhängig von der Festigkeit der beiden Körper. Wenn beide Körper sehr hohe Festigkeit haben und elastisch verformt werden, dann nennt man einen solchen Prozess einen elastischen Stoß. Dabei wird die anfängliche Bewegungs-Energie erhalten, sie ist also nach dem Stoß genauso groß wie vor dem Stoß der beiden Körper. Wenn einer der beiden Körper aber nicht so hohe Festigkeit aufweist und über den elastischen Bereich hinaus verformt wird, dann wird Bewegungs-Energie in Verformungs-Energie gewandelt. Man sieht an diesen Beispielen, dass die Elastizität eine entscheidende Rolle spielt beim Energie-Austausch.

5.1 Theoretische Betrachtung zu Dämpfungsgliedern

Ganz allgemein sind Dämpfungsglieder Systeme, die hauptsächlich zwei Dinge eines Signals verändern, wobei ein Signal beispielsweise auch ein Schlag auf den Körper sein kann. Zum einen wird die ursprüngliche Amplitude, also die Höhe der Kraft beim Übertrag, verringert. Zum anderen wird der Übertrag zeitlich verlängert.

Ein einfaches Beispiel ist die Backpfeife oder Ohrfeige. Wenn man einmal einen solchen Schlag selber erlebt hat, weiß man, wie viel Schmerz ein Schlag zum Kopf bereiten kann. Wenn allerdings zwischen die schlagende Hand und den Kopf ein Kissen gelegt wird, ist die Wirkung viel geringer. Das Kissen wirkt als Dämpfungsglied. Es dämpft die Amplitude dadurch, dass die Krafteinwirkung auf eine größere Zeit verteilt wird.

Ein anderes Beispiel für ein Dämpfungsglied ist ein Airbag. Bei einem Auffahr-Unfall wird der Fahrer oder Beifahrer vor dem ungebremsten Aufprall auf das Lenkrad oder die Konsole geschützt, weil der Airbag schon vor dem Aufprall den Kopf abbremst.

Auch ein Boxhandschuh ist ein solches Dämpfungsglied. Hier folgt eine Veranschaulichung eines Fauststoßes einmal ohne und einmal mit einem Boxhandschuh.

Wenn die stoßende Faust keinen Schützer oder Boxhandschuh hat, dann ist die Zeit des Übertrags sehr kurz.

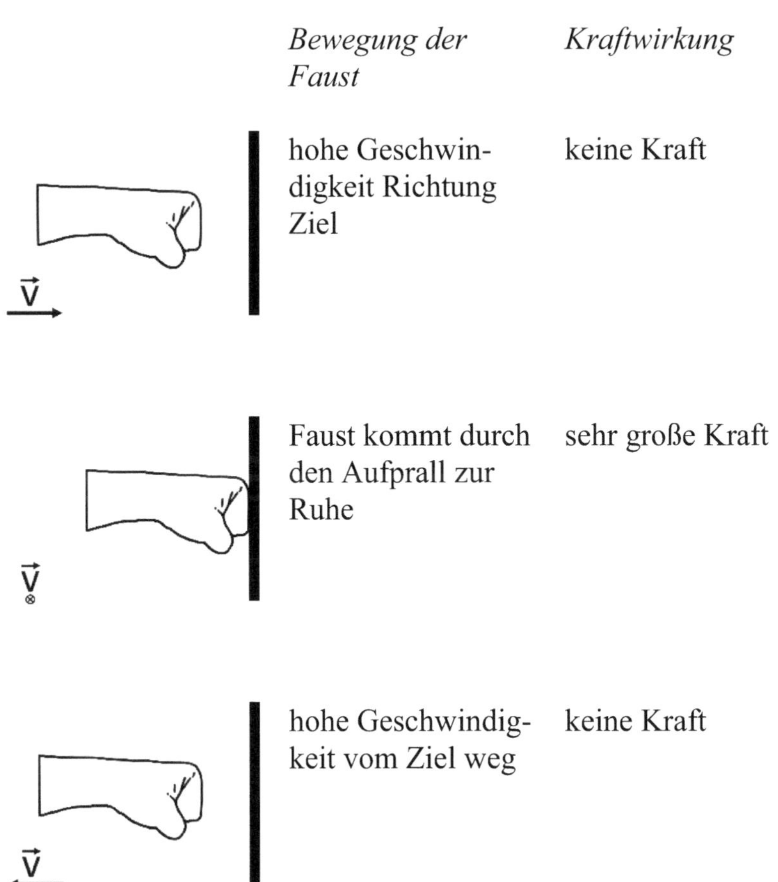

Bei einem solchen Übertrag sieht die Kraft als Funktion schematisch so aus, wie die folgende Graphik zeigt.

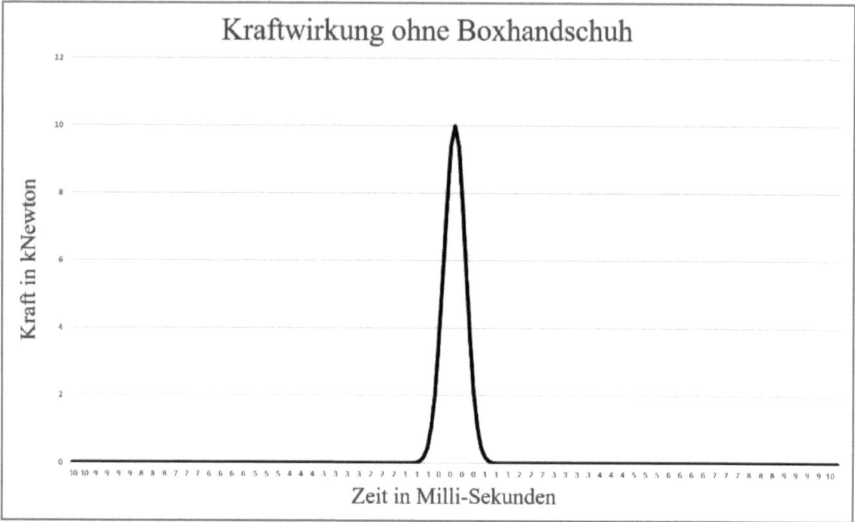

Wenn die Faust von einem Boxhandschuh umgeben ist, dann geschieht die Berührung des zu schlagenden Körpers viel früher als ohne Handschuh.

26

	Bewegung der Faust	Kontakt/Kraftwirkung
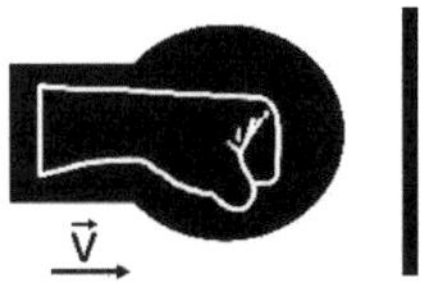	hohe Geschwindigkeit in Richtung Ziel	kein / keine
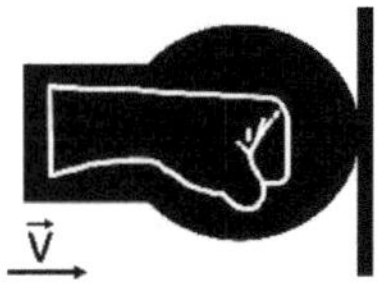	hohe Geschwindigkeit in Richtung Ziel	sehr gering / sehr gering
	niedrigere Geschwindigkeit in Richtung Ziel	mittel / mittel
	keine Geschwindigkeit	stark / hoch
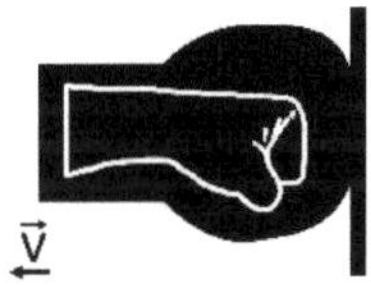	niedrige Geschwindigkeit vom Ziel weg	mittel / mittel
	hohe Geschwindigkeit vom Ziel weg	sehr gering / sehr gering
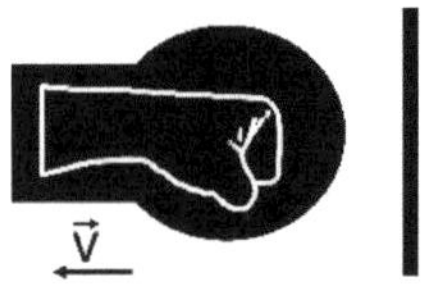	hohe Geschwindigkeit vom Ziel weg	kein / keine

Schon bei der Berührung der Oberfläche des Boxhandschuhs mit dem Ziel wird eine Kraft auf das Ziel ausgeübt. Verglichen mit der Kraft, die bei der vollen Streckung erreicht wird, ist sie erst klein und steigt dann an.

Selbst beim Zurückziehen der Faust übt der Boxhandschuh immer noch Kraft auf das Ziel aus.

Bei einem solchen Übertrag sieht die Kraftwirkung aus wie in der folgenden Graphik gezeigt:

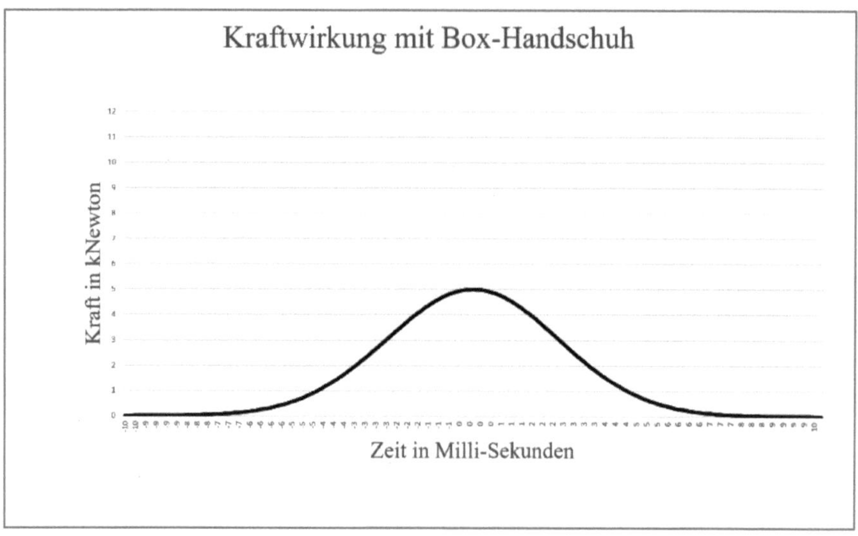

Graphik Krafteinwirkung mit Dämpfer

Während des Übertrags wird die Kraft verringert, weil der Dämpfer schon kurz nach dem Beginn des Übertrags der Faust eine Gegen-kraft entgegensetzt und weiterhin wird der Übertrag zeitlich stark verlängert.

Im Vergleich der beiden exemplarischen Kurven erkennt man, dass die Kraft-Kurve bei einem Schlag mit einem Dämpfer (Boxhand-

schuh) deutlich niedriger ausfällt und dabei zeitlich erheblich verlängert wird. Beides ergibt, dass der Flächeninhalt unter der Kurve
bei dem Stoß mit Dämpfer sehr viel größer ist als beim Stoß ohne
Dämpfer. Der Flächeninhalt unter der Kurve ist der erzeugte
Impuls in Uke. Das bedeutet, dass Uke durch den Stoß nach hinten
weg bewegt wird, wenn der Stoß mit einem Dämpfer erfolgt.
Dadurch geht relativ weniger Energie in den Körper hinein.

5.2 Messung zu Dämpfungsgliedern

Wie im kommenden Kapitel gezeigt wird, sind die Zeiten des
Übertrages sehr kurz. Das bedeutet, dass eine Messapparatur auch
sehr schnell messen muss, um in der Lage zu sein diese zeitlich
sehr kurzen Signale aufzulösen. In einigen Veröffentlichungen zu
diesem Thema wird die Kraft mit der Maßeinheit Kilogramm (kg)
angegeben. Die richtige Maßeinheit für Kräfte ist aber Newton (N).
Die Masse von einem Kilogramm bewirkt eine Kraft von ca. zehn
Newton in der Erdanziehung, da die Beschleunigung, die ein
fallender Körper auf der Erde erfährt, den Wert von 9,81m/s² hat.
(g=9,81 m/s²).

Formel 11

$$F = m \cdot g = 1\text{kg} \cdot 9{,}81\frac{\text{m}}{\text{s}^2} = 9{,}81\frac{\text{kg} \cdot \text{m}}{\text{s}^2} \approx 10\text{N}$$

$$[\text{N}] = [\text{kg}] \cdot \left[\frac{\text{m}}{\text{s}^2}\right] = \left[\frac{\text{kg} \cdot \text{m}}{\text{s}^2}\right]$$

Die Maßeinheit kg für die Kraft ist also falsch. Es weist darauf hin,
dass diese Messungen mit Apparaturen gemacht wurden, die
Gewichte, also Massen, in der Gravitation messen sollen. Das
bedeutet, dass Waagen zur Kraft-Messung verwendet wurden.
Waagen wiederum werden so ausgelegt, dass eine zeitliche

Mittelung erfolgt. Wenn eine Masse von 100kg z.B. für eine Milli-Sekunde auf der Waage läge und die Mittelung über 10 Milli-Sekunden ginge, dann gäbe das Messgerät einen Messwert von 10kg aus. Waagen sind so konzipiert, weil dadurch kurzzeitige Messstörungen herausgefiltert werden. Solche zeitlichen Mittelungen sind nichts anderes als ein Dämpfungsglied. Es ist also sehr wichtig das richtige Messmittel für solche kurzen Kraftstöße zu verwenden.

Wenn Waagen zur Kraftmessung eingesetzt werden, dann wird der zeitliche Kraftverlauf durch das Messgerät stark gedämpft. Dadurch werden sehr schnelle zeitliche Kraftverläufe verfälscht dargestellt.

Die für dieses Buch verwendete Apparatur ist extra so konzipiert und gebaut worden, dass sie auch Kräfte messen kann, die nur eine Milli-Sekunde (eine tausendstel Sekunde) andauern.

Der Schlag-Klotz, auf den geschlagen wird, darf selbst ebenfalls nicht mit einem Dämpfer versehen werden. Der verwendete Schlag-Klotz ist hier abgebildet:

Schlag-Klotz, Schräg-Draufsicht

Schlag-Klotz Seitenansicht

Mit diesem Messaufbau wurden verschiedene Messreihen durchgeführt. Diese Messungen unterschieden sich darin, dass mit einem Boxhandschuh geschlagen wurde, ein anderes Mal nur ein Schaumstoff-Quader verwendet wurde und auch ohne jeden Dämpfer mit der bloßen Faust geschlagen wurde. Die Messergebnisse sind hier dargestellt. Alle Schläge sind in etwa mit der gleichen Technik und dem gleichen Kraft-Einsatz geschlagen worden. Es wurde nicht mit voller Kraft geschlagen, weil der ungeschützte Schlag ohne Dämpfer sonst sicher zur Verletzung geführt hätte.

Die erste Graphik zeigt den Kraftverlauf eines Schlages mit einem 14-oz-Boxhandschuh:

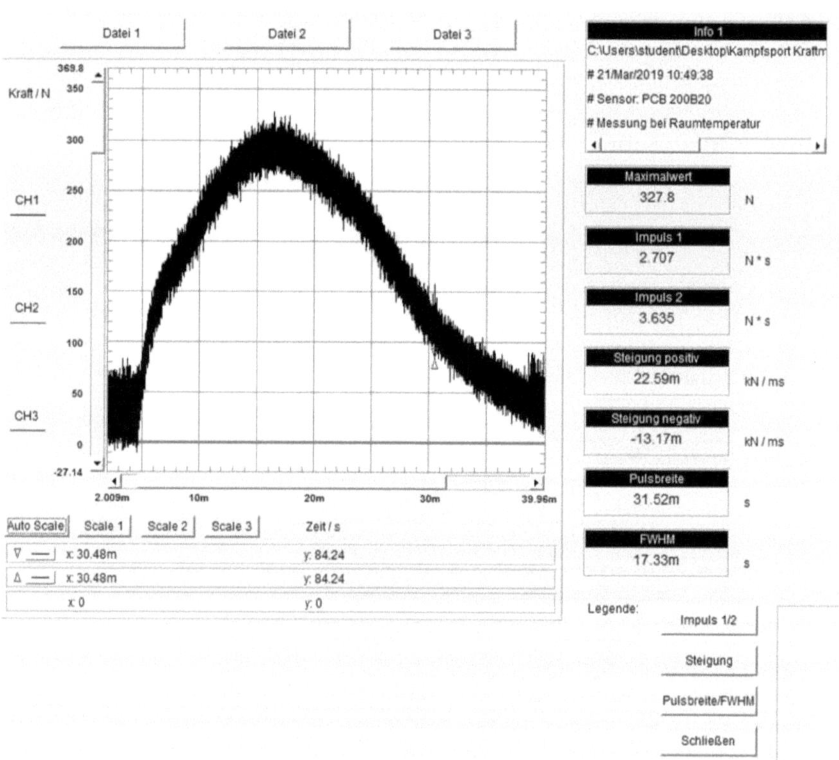

Auf der horizontalen Achse ist die Zeit aufgetragen, die in Milli-Sekunden angegeben wird. Auf der vertikalen Achse ist die Kraft aufgetragen, in Newton (N) angegeben wird. Das Signal ist etwas breit, weil die Apparatur für deutlich größere Kräfte ausgelegt ist und deshalb im unteren Messbereich durch die Elektronik etwas verrauscht ist. Der Spitzenwert ist zwar in der Tabelle rechts im Bild mit 327,8N angegeben, aber der echte Wert liegt in etwa bei knapp 300 Newton. Die Pulsbreite, also die Dauer Kraft-Ein-wirkung ist mit 31,52ms angegeben.

In der zweiten Graphik ist der Kraftverlauf eines Schlages auf einen Schaumstoff dargestellt:

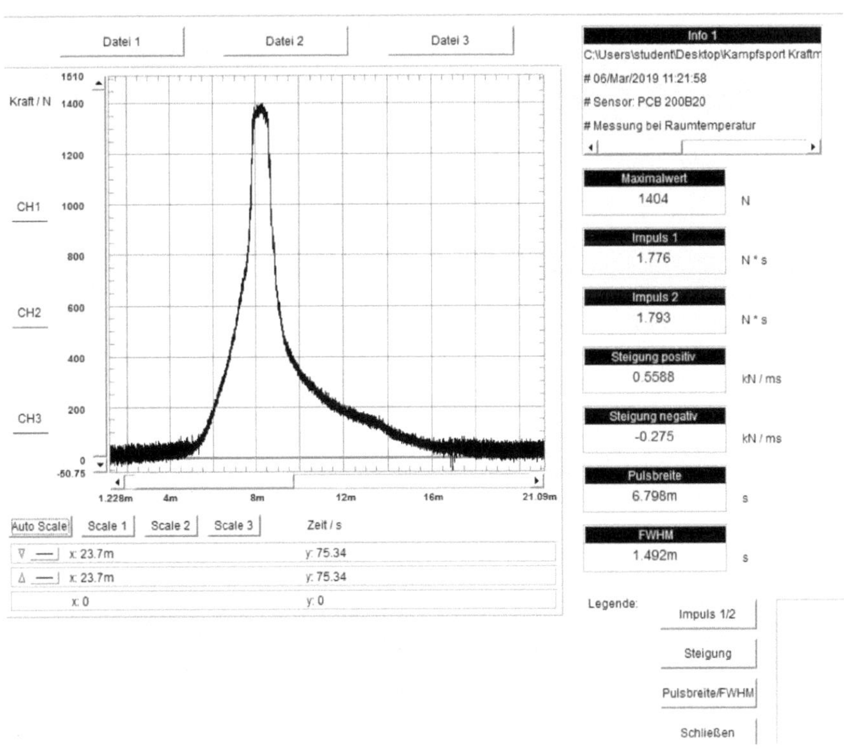

Der Spitzenwert ist zwar in der Tabelle rechts im Bild mit 1404N angegeben. Die Pulsbreite, also die Dauer Kraft-Einwirkung, ist mit 6,798ms angegeben.

Der Kraftverlauf, bei dem ein weicher Schaumstoff verwendet wurde, ist deutlich kürzer und die Amplitude ist deutlich höher als der Kraftverlauf mit einem Boxhandschuh, der einen starken Dämpfer darstellt.

In der dritten Graphik ist der Kraftverlauf ohne jeglichen Dämpfer dargestellt. Der Stoß erfolgte mit der Faust auf den Schlag-Klotz:

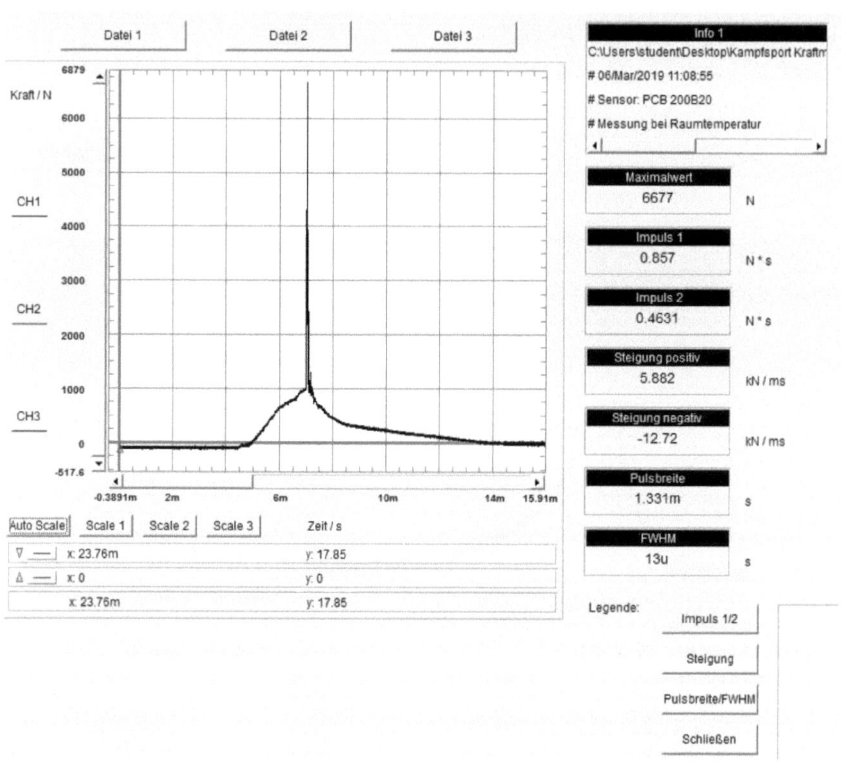

Der Spitzenwert ist in der Tabelle rechts im Bild mit 6677N angegeben. Die Pulsbreite, also die Dauer Kraft-Einwirkung, ist mit 1,331ms angegeben.

Diese Daten werden in der folgenden Tabelle als Vergleich dargestellt, wobei die Messwerte mit weniger Stellen und gerundet dargestellt werden.

	Boxhandschuh	Schaumstoff	Faust
Spitzenkraft [N]	300	1404	6677
Pulsbreite [ms]	31,5	6,8	1,3

In dieser Graphik sind alle drei Stöße in einer Darstellung zusammengefasst, damit man einen besseren Vergleich in der Amplitude und auch im zeitlichen Verlauf hat. Der Verlauf mit dem ersten Maximum ist der Schlag mit der Faust, der zweite ist der Schlag mit dem weichen Schaumstoff und der dritte ist der Schlag mit einem Boxhandschuh.

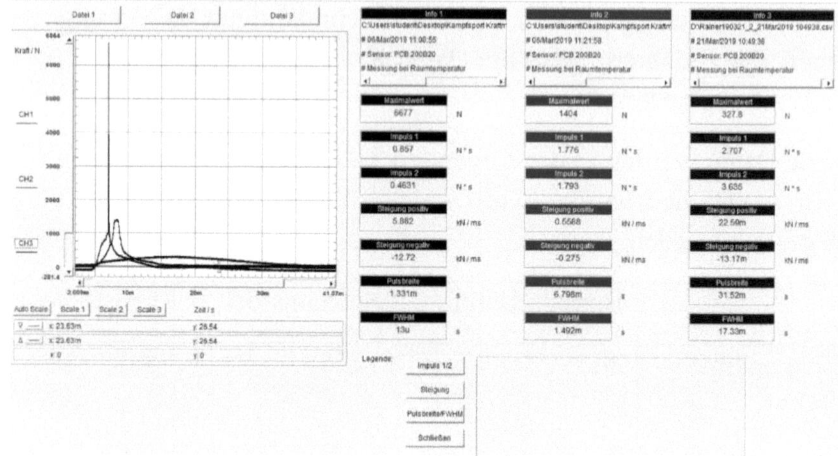

In dieser vergleichenden Darstellung sieht man sehr deutlich, wie stark die Amplitude gedämpft wird und wie weit die zeitliche Einwirkung eines Stoßes durch die Dämpfer verlängert wird.

Die Messdaten bestätigen die Aussagen im theoretischen Teil. Die Schläge mit einem Boxhandschuh haben eine Spitzenkraft, die weniger als ein 20stel der Kraft ist, die von der nackten Faust aufgebracht wird. Dafür ist die Schlagdauer mit dem Boxhandschuh knapp fünfundzwanzigmal länger verglichen mit dem Schlag der nackten Faust.

5.3 Fazit zu der Verwendung von Dämpfungsgliedern im Kampfsport

Bei zwei Stößen, die mit der gleichen Motorik ausgeübt werden, unterscheiden sich die Wirkungen erheblich, wenn ein Dämpfer verwendet wird oder nicht. Bei Verwendung von Boxhandschuhen ist die zeitliche Einwirkung deutlich länger und die Amplitude der Krafteinwirkung wird deutlich verringert.

Die Wirkung eines Boxhandschuhs ist die gleiche wie die eines Air-Bags.

Das Alles ist sicher auch gewollt, um die Verletzungsgefahr beim Kampf zu verringern. Ich habe in meiner Wettkampfzeit Ende der 1970er bis Anfang der 1980er Jahre erlebt, wie erheblich Verletzungen waren, wenn ein Athlet versehentlich den Kontrahenten getroffen hat.

Diese Maßnahme der Einführung von Box-Handschuhen im Karate-Sport ist sicher sinnvoll, wenn man Verletzungen vermeiden will. Die Amplitude der Kraft wird verringert durch die weite Verteilung über die Zeit und die Auftreff-Fläche wird erhöht, woraus ein geringerer Flächendruck resultiert und damit auch die Verletzungsgefahr verringert wird.

In einer realen Verteidigungs-Situation will man aber ganz andere Formen der Schläge realisieren. Ein Schlag oder Stoß soll auf eine möglichst kleine Fläche wirken und erhebliche Verformungs-Energie erzeugen. Die Wettkampf-Schlag-Technik und die reale Kampf-Technik sind also grundlegend unterschiedlich.

In den frühen 1980er Jahren wurden im Sport-Karate Boxhandschuhe eingeführt. Dies hatte erhebliche Konsequenz auf die Wettkämpfe und auch auf die Trainingsformen.

Wenn ein Athlet mit Boxhandschuhen trainiert, wird er nicht erleben, wie es sich anfühlt und welche Wirkung eine Technik hat, die ohne Boxhandschuh ausgeführt wird. Hier gibt es zwei verschiedene Richtungen, wie Athleten darauf reagieren.

Der eine Teil der Athleten und deren Verbände verzichten vollends auf die mögliche Wirkung einer Technik. Dies geschieht teilweise so im Sport-Karate. Die Techniken werden zwar schnell gestoßen, aber immer häufiger ist zu erkennen, dass die Techniken wenig wirkliche Zerstörungskraft haben, weil zudem wenig Kime ausgeführt wird. Ziel bei solchen Kämpfen ist es den Gegner zu treffen, ohne dass die mögliche Wirkung eine Rolle spielt bei der Bewertung der Technik. Es gibt hier natürlich Ausnahme-Athleten, aber meistens sind dies Kampfkünstler, die auch Erfahrungen haben in Wettkämpfen ohne Schoner oder aber solche, die Kontakt-Training üben wie z.B. am Makiwara.

Mir ist die Unterscheidung von der Wirkung und der möglichen Wirkung wichtig. Eine Kampf-Technik sollte eine mögliche Wirkung haben. Dabei muss aber dafür gesorgt werden, dass keine wirkliche Wirkung erfolgt. Die wirkliche Wirkung hat fatale Konsequenzen. In der Zeit, in der Karate-Kämpfe ohne Schoner ausgeführt wurden, sind starke Verletzungen nicht unüblich gewesen. Einen großen Anteil an diesen Verletzungen haben aber solche Athleten verursacht, denen der eigene Erfolg wichtiger war als die körperliche Unversehrtheit des Kontrahenten. Diese Athleten waren zwar körperlich gut, aber mental wenig vorbereitet auf den Wettkampf. Ein guter Athlet hat auch das so genannte Dojokun zu beachten. Das sind fünf grundlegende Verhaltensrichtlinien. Eine davon sagt:

Eins ist, vermeide übertriebene Leidenschaft.

Um Verletzungen im Sport zu vermeiden trotz der Ausführung einer möglicherweise tödlichen Technik wird diese Technik kurz vor Erreichen des Ziels im Kime arretiert. Das Kime erfolgt also vor Uke und nicht in Uke. Dieses Prinzip nennt sich sun dôme. Es meint das Abstoppen vor dem Ziel. Nur mit diesem Prinzip lässt sich so kämpfen, dass auch mit ikken hissatsu (ein anderes wichtiges Prinzip im Budo: Mit einem Schlag töten) geübt werden kann, ohne zu verletzen.

38

Erst wenn man die Fähigkeit erlangt hat, eine Technik so zu kontrollieren, dass man den Gegner nicht verletzt, hat man auch die Freiheit die Technik so stark zu verbessern, dass man die maximale Wirksamkeit erreicht. Nur dann, wenn der Sportler diese Prinzipien beherrscht, hat er auch die Möglichkeit sich in einer realen Bedrohungs-Situation wehren zu können

Meiner Meinung nach ist die Einführung von Schonern im Sportkarate nur deshalb notwendig geworden, weil Athleten viel zu früh in Wettkämpfe geschickt wurden, nämlich bevor sie das Prinzip des sun dôme beherrscht hatten.

Der andere Teil der Athleten, die nicht auf die Wirkung verzichten wollen, muss körperlich ganz anders ausgestattet sein. Um eine hohe Wirkung trotz der Verwendung von Boxhandschuhen zu erzielen, muss erheblich mehr Kraft aufgewendet werden. Das bedeutet, dass ebenso erheblich mehr Muskelmasse aufgebaut werden muss. Um dies zu erreichen, werden vollkommen andere Trainingsmethoden verwendet und auch andere Ernährung eingehalten. Große Muskelmassen machen aber wiederum langsam. Man schaue sich die in den letzten Jahrzenten amtierenden Schwergewichtsboxer an, die nicht durch ihre Größe schon Vorteile haben, sondern aus dem Antrainierten ihre Erfolge holen. Insbesondere die amerikanischen Titelträger sind wahre Muskelberge und unterscheiden sich deutlich von z.B. einem Muai-Thai- oder Kung-Fu-Meister.

Diese Ausführung soll nicht missverstanden werden. Ich argumentiere nicht gegen Sport-Karate. Meine Argumentationen beruhen ausschließlich auf physikalischen Sachverhalten und die Ableitungen daraus sind logisch. Nur sollte jeder, der sich zu den Kampfkünsten hingezogen fühlt, auch wissen, was die unterschiedlichen Ausführungen bewirken.

6 Beschleunigungs-Strecken

Im vorangegangenen Teil habe ich aufgezeigt, dass die Zeit des Kontaktes bei einem Energie-Übertrag möglichst kurz sein muss, um viel Verformungs-Energie in Uke zu erzeugen. Das bedeutet, dass der stoßende Körperteil mit hoher Geschwindigkeit auf das Ziel auftreffen muss.

6.1 Theoretische Betrachtung zu Beschleunigungs-Strecken

Wenn der stoßende Körperteil mit sehr hoher Geschwindigkeit den Auftreffpunkt berühren soll, fordert dies eine sehr gute Koordination aller Körperteile, die bei der Bewegung aktiv sind.

Ein Stoß oder Schlag wird, wenn eine hohe Geschwindigkeit erreicht werden soll, nicht nur mit dem Körperteil gemacht, der letztendlich das Ziel berührt. Auch davor liegende Körperteile sind aktiv daran beteiligt, den stoßenden Körperteil zu beschleunigen. In vielen Kampfkünsten wird diesbezüglich häufig die Wichtigkeit der Hüfte betont. Die Hüfte ist aber nicht der einzige Körperteil, der beitragen muss.

Die Geschwindigkeit des stoßenden Körperteils (z.B. Faust) wird also erbracht durch hintereinander liegende Körperteile, die alle an der gesamten Bewegung beteiligt sind. Der vorderste Körperteil, der stößt, wird dann eine hohe Geschwindigkeit haben, wenn alle hinter ihm liegenden Körperteile zur gleichen Zeit jeweils den höchst möglichen Beitrag zur Geschwindigkeit leisten. Die Bewegung eines jeden Körperteils, das sich nach vorn bewegt, macht dies über eine Strecke. Die Bewegung über diese Strecke ist in jedem aktiven Körperteil eine beschleunigte Bewegung. Diese Strecken nenne ich Beschleunigungs-Strecken.

Ich zeige hier einmal ein vereinfachtes Modell auf. Stellen wir uns vor, ein Element, das zum Stoß beiträgt, besteht aus einem festen Teil und einem darauf montierten beweglichen Teil, und das bewegliche Teil kann sich auf dem festen Teil eine gewisse Strecke bewegen, so wie in der folgenden Skizze angedeutet.

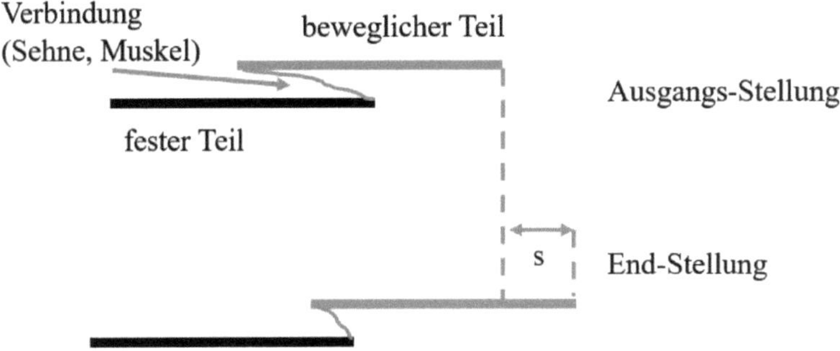

Grafik 1: Ein System mit einem festen und einem beweglichen Teil

Das Endstück des beweglichen Teils kann sich also um die Strecke s nach vorn bewegen. Um eine hohe Geschwindigkeit zu erzeugen, muss die Bewegung beschleunigt sein, die Geschwindigkeit des beweglichen Teils steigt also über die gesamte Beschleunigungs-Strecke an. Kurz vor der Endstellung hat dann dieses System die höchste Geschwindigkeit.

Wenn nun mehrere solcher Systeme hintereinander geschaltet sind, dann wird der vordere Teil die höchste Geschwindigkeit erreichen, wenn alle Teilsysteme koordiniert kurz vor Erreichen der jeweiligen Endstellung ebenfalls die höchsten Teil-Geschwindigkeiten aufweisen. Jede der Teilstrecken trägt dann zur Gesamtgeschwindigkeit bei.

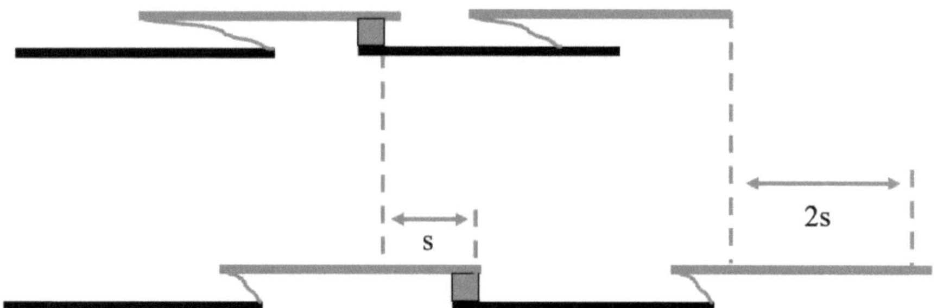

Grafik 2: Zwei gekoppelte Teilsysteme

In dieser Graphik kann man erkennen, dass die Beschleunigungs-Strecken sich addieren. Ebenso werden die Teilgeschwindigkeiten addiert, so dass das Gesamt-System zu deutlich höheren Geschwindigkeiten am Ende der Bewegung kommen kann.

Das bedeutet aber auch, dass die Endgeschwindigkeit reduziert wird, wenn die Koordination nicht richtig ist und z.B. ein Element sich nach hinten oder seitlich bewegt. Hierzu werde ich in einem folgenden Kapitel (beim Tsuki im Stand) ein Beispiel geben.

Für ein optimiertes Zusammenwirken müssen die Bewegungen der Teilsysteme exakt aufeinander abgestimmt bewegt werden. Dies bedarf eines intensiven Trainings mit vielen Wiederholungen.

Solche hintereinander folgende Bewegungs-Systeme werden hin und wieder Bewegungsketten genannt. Diesen Ausdruck finde ich aber eher unpassend, weil eine Kette meistens als Gliederkette verstanden wird. Eine solche Gliederkette kann keine starre Verbindung leisten außer in der Streckung entgegen der Kraft, die die Kette streckt. Hier in dieser Beschreibung der Wirkung von Schlagtechniken wirkt die Kraft in Richtung der Streckung und die Gegenkraft würde eine Glieder-Kette in sich zusammenfallen lassen. Wenn man von einer Kette in diesem Zusammenhang spricht, muss man sie verstehen als eine Aneinanderreihung von

42

beweglichen Verbindungen, die in beide Richtung Kraft aufbringen
kann.

In diesem Modell wird die höchste Geschwindigkeit des Körperteils, der den Übertrag macht, dann erreicht, wenn alle an der
Bewegung teilhabenden beweglichen Systeme die Beschleuni-
gungsstrecke durchlaufen haben, wenn der stoßende Körperteil auftrifft. Es müssen also alle Teilsysteme so aufeinander abgestimmt
werden, dass im Stoß alle Teilsysteme gerade am Ende der jeweiligen Beschleunigungs-Strecke angekommen sind und alle dort die
höchste Geschwindigkeit haben.

6.2 Messung der Geschwindigkeit entlang der Beschleunigungs-Strecken

Um die Bewegung eines Stoßes mit der Faust zu analysieren
wurden sechs Lichtschranken (LS) hintereinander gebaut. Lichtschranken bestehen aus einer Lichtquelle, in diesem Fall aus einen
Laser, auf der einen Seite, und einem Sensor auf der gegenüberlie-
genden Seite, der detektiert, ob der Lichtstrahl ankommt. Wenn der
Lichtstrahl unterbrochen wird, gibt der Sensor ein Signal aus.

Wenn zwei solcher Lichtschranken hintereinander liegen und ein
Körper sich durch die Lichtschranken hindurch bewegt und dabei
die jeweiligen Lichtstrahlen abschirmt, dann senden die Sensoren
jeweils dann ein Signal, wenn der Lichtstrahl unterbrochen wird. In
den folgenden Zeichnungen ist der schlagende Arm als Rechteck
symbolisch dargestellt.

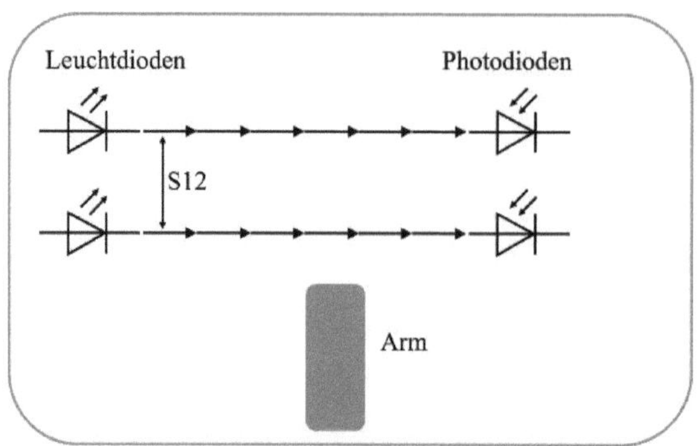

Bild 1: Arm außerhalb der LS

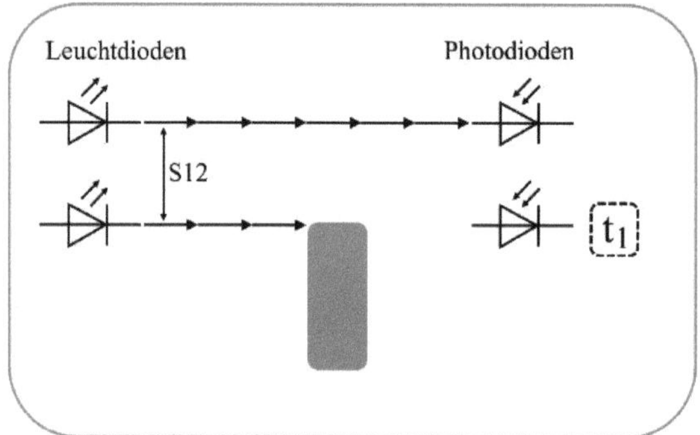

Bild 2: LS1 unterbrochen, Signal t1

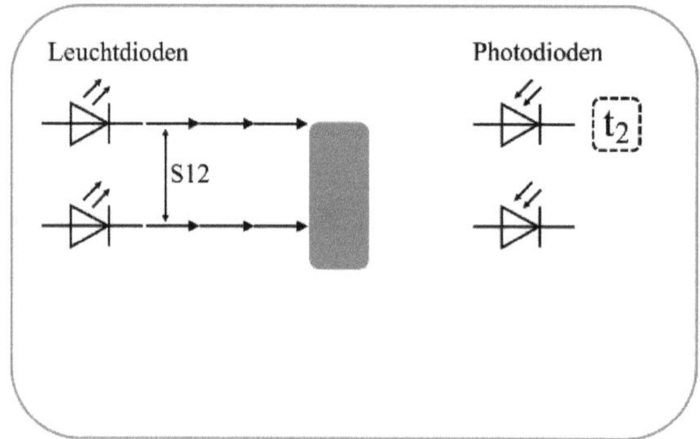

Bild 3: LS2 unterbrochen, Signal t2

44

Aus der zeitlichen Differenz der Signale und dem Abstand der
Sensoren kann man die mittlere Geschwindigkeit innerhalb dieses
Abstandes messen, wenn sich ein Körper hindurch bewegt. Die
Geschwindigkeit ist die Strecke geteilt durch die benötigte Zeit.
Wenn der erste Lichtstrahl zum Zeitpunkt t1 unterbrochen wird, der
zweite Lichtstrahl zum Zeitpunkt t2 und die Strecke zwischen den
beiden Lichtstrahlen s12 ist, dann beträgt die mittlere
Geschwindigkeit auf der Strecke s12:

$$\overline{v}_{12} = \frac{s_{12}}{t_2 - t_1}$$

Formel 12

Dadurch, dass insgesamt 6 Lichtschranken aufgebaut waren,
konnten also auf dem gesamten Weg 5 Teilgeschwindigkeiten
gemessen werden und entsprechend 4 Teilbeschleunigungen. Der
Abstand der Sensoren beträgt konstant 50mm. Das bedeutet, dass
die gesamte Strecke, die durchschlagen werden muss, 25cm betrug.
Wenn nur eine Lichtschranke nicht ausgelöst hatte, war die
Auswerte-Elektronik so programmiert, dass keine Daten verwertet
wurden und eine Fehlermeldung ausgegeben wurde.

Der reale Aufbau der sechs Lichtschranken ist in den folgenden
Bildern dargestellt.

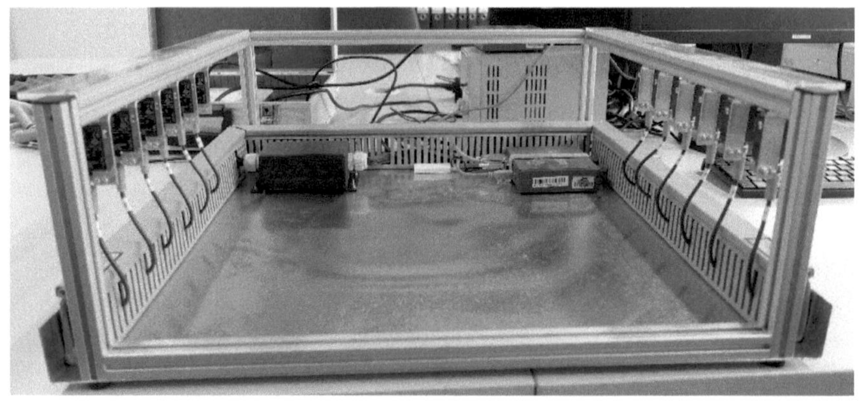

Frontansicht des Aufbaus für die Geschwindigkeitsmessung in
Richtung des Schlages

links die Leuchtdioden,   rechts die Photodioden

Der Aufbau ist durch die Anordnung und die verwendeten Bauteile
sehr stabil. Die elektrischen Bauteile schalten sehr schnell und
damit sind auch die Mess-Ergebnisse sehr präzise. Der Fehler der
Geschwindigkeitsmessung liegt unterhalb von 2% des Messergeb-
nisses.

Mit diesem Aufbau wurden Messungen gemacht, indem ein Kara-
teka entlang der Laserlinien in die Messapparatur hinein geschlagen hat. Dabei wurden nacheinander die Photodioden beschattet.
Hier sind zwei Bilder, in denen man erkennen kann, dass die vor-
schnellende Faust mit dem Arm die Laser abschattet.

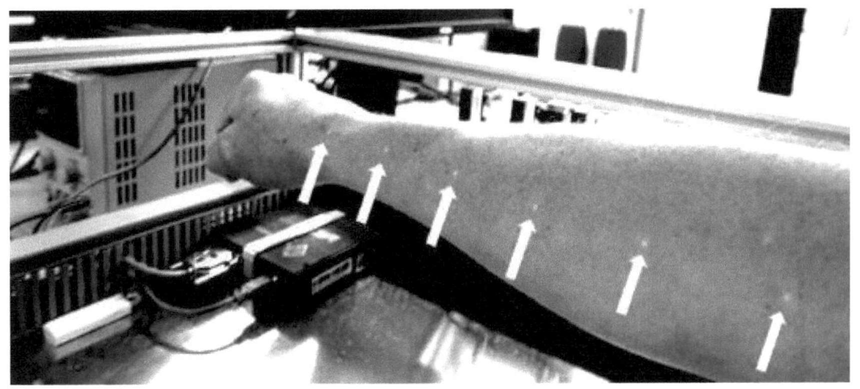

Sicht auf den Schlag-Arm diagonal von hinten.
Die eingeblendeten Pfeile zeigen auf die Lichtpunkte der Laser.

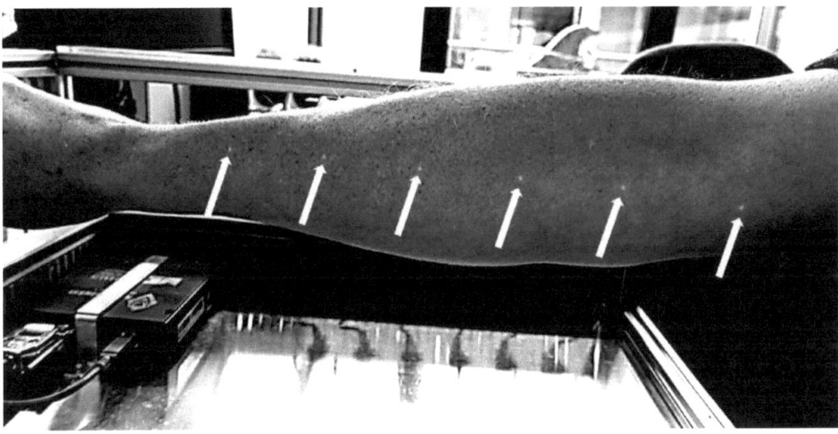

Sicht auf den Schlag-Arm aus Richtung der Leucht-Dioden
Die eingeblendeten Pfeile zeigen auf die Lichtpunkte der Laser.

Mit dieser Apparatur wurden Messungen von der Geschwindigkeit
der hineingeschlagenen Faust gemacht. Hier werden nur zwei
Messungen exemplarisch vorgestellt.

In der oberen Graphik sind die fünf Teilgeschwindigkeiten entlang der Beschleunigungs-Strecke dargestellt. Auf der vertikalen Achse ist die Geschwindigkeit in m/s dargestellt und auf der horizontalen Achse ist die Strecke dargestellt.

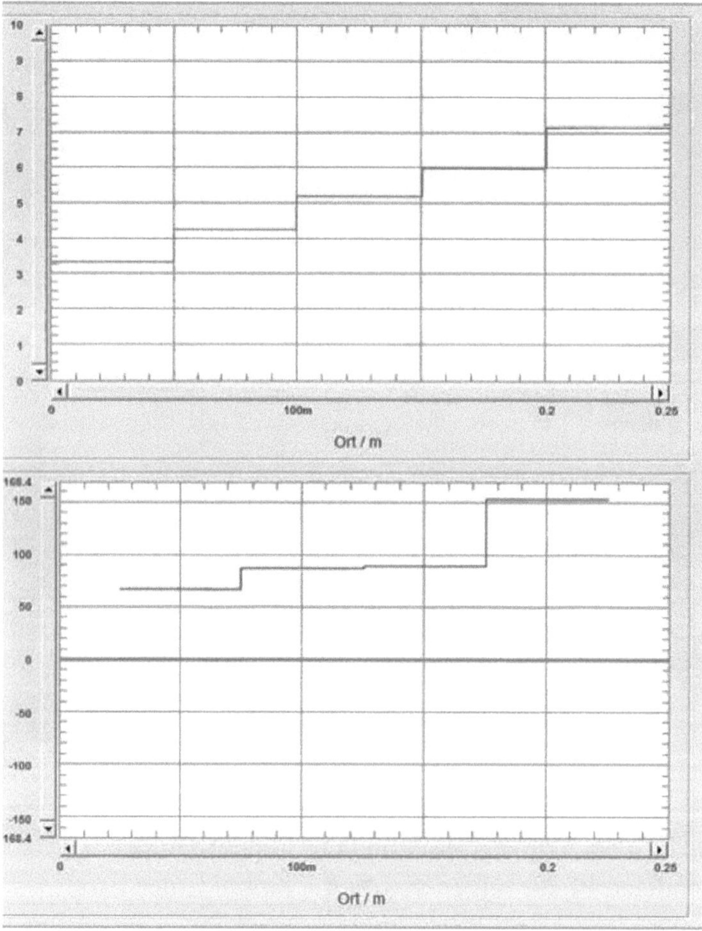

In der unteren Graphik sind die vier Beschleunigungen dargestellt, die aus den Änderungen der Teilgeschwindigkeiten berechnet wurden.

48

Die Bewegung ist mit zunehmender Strecke beschleunigt. Die Geschwindigkeit der Faust nimmt mit der Strecke zu. Die Anfangsgeschwindigkeit beträgt etwas mehr als 3 m/s und die Endgeschwindigkeit knapp 7,2 m/s.

Diese Bewegung ist eine gleichmäßig beschleunigte Bewegung, bei der die Beschleunigung über die gesamte Strecke zunimmt. Dieser Schlag wurde lediglich mit dem Arm ausgeführt. Zur Bewegung trug also nur eine Beschleunigungs-Strecke bei.

In der folgenden Graphik ist der Geschwindigkeitsablauf anders:

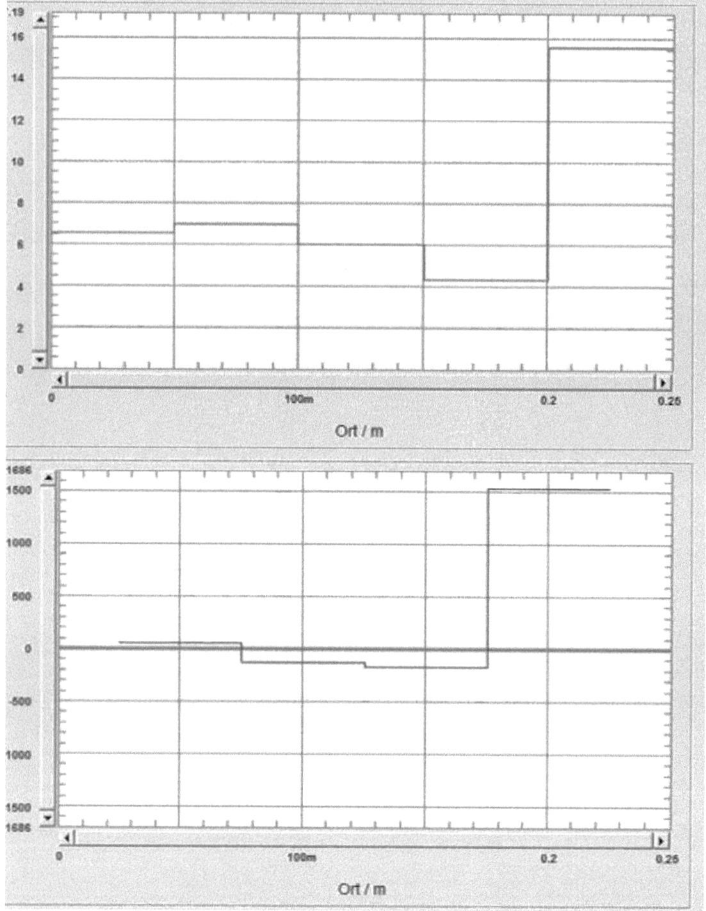

Hier wurde schon mit einer höheren Anfangs-Geschwindigkeit von 6,5m/s in die Apparatur hineingeschlagen und die Geschwindigkeit in der zweiten Teilstrecke noch etwas erhöht auf fast 7m/s, was der Endgeschwindigkeit des vorher beschriebenen Schlages entspricht. In der dritten und vierten Teilstrecke reduziert sich die Geschwindigkeit auf etwas weniger als 4m/s um dann in der letzten Teilstrecke auf 15,6m/s anzusteigen. Diese Geschwindigkeitszunahme in der letzten Teilstrecke lag bei einer Beschleunigung

50

von 1533m/s². Das entspricht mehr als der 150-fachen Erdbe-
schleunigung.

Diese hohe Beschleunigung und die daraus resultierende
Geschwindigkeit ist erzeugt worden, indem bei diesem Stoß
mehrere Beschleunigungs-Strecken gleichzeitig und gut koordiniert
agiert haben. Der Stoß wurde als Gyaku-Zuki ausgeführt.

Anhand dieser Geschwindigkeits-Entwicklung kann man erkennen,
dass die Koordination der Bewegung hier so gestaltet war, dass erst
kurz vor Ende der Bewegung alle Beschleunigungs-Strecken
maximal beschleunigt wurden.

Hier ist wichtig, sich vorzustellen, dass die Teilgeschwindigkeiten
gemessen werden in Abständen von 50mm. Bei einer angenomme-
nen Geschwindigkeit des Armes von 5m/s durchläuft die Faust
diese Teilstrecke in 10ms, also innerhalb einer hundertstel
Sekunde. Aus dieser zeitlichen Abschätzung kann man erahnen,
wie präzise im gesamten Bewegungsablauf die zeitlichen Abläufe
sein müssen.

6.3 Gyaku Zuki als Beispiel für gekoppelte Beschleunigungs-Strecken

Hier möchte ich ein Beispiel zeigen, in dem mehrere Beschleunigungs-Strecken, die alle zu einer Bewegung beitragen, zu sehr
hohen Endgeschwindigkeiten führen können, wenn die Koordination gut ist.

Der Gyaku Zuki ist eine Technik, bei der häufig gezeigt wird, wie
wichtig der Einsatz der Hüfte ist. Die Hüftbewegung ist aber nur
ein Bestandteil eines viel komplexeren Bewegungsablaufes um
eine hohe Endgeschwindigkeit der Faust zu erreichen.

In den beiden folgenden Bildern sind die Anfangssituation (a) und die Endsituation (e) aller bewegten Körperteile eines Gyaku Zuki gezeigt.

Man kann erkennen, dass mindestens fünf Körperteile zur Beschleunigung beitragen.

1. Das hintere Bein im Fudo Dachi mit etwas angewinkeltem Knie (1a) wird gestreckt zur Endstellung (1e)
2. Die Hüfte wird aus der herausgedrehten Stellung (Hanmi 2a) nach vorn bewegt in die Gyaku-Stellung (2e)
3. Die Schulter wird aus der herausgedrehten Stellung (3a) in Richtung des Ziels gedreht (3e)
4. Der Ober- und Unterarm wird aus der gebeugten Stellung (4a) gestreckt (4e)
5. Durch das Absenken des Schwerpunktes nach vorn wird das vordere Knie ebenfalls weiter in Richtung des Ziels durchgebeugt.

Jede dieser Bewegungen hat eine Komponente in Richtung des Ziels. Wenn alle diese Bewegungen entlang der Beschleunigungs-Strecken aufeinander koordiniert werden und synchron erfolgen, wird die höchste Endgeschwindigkeit der auftreffenden Faust erreicht.

Manchmal kann man bei einigen Sportlern sehen, wenn in der Grundschule der Gyaku Zuki geübt wird, dass kurz vor dem Erreichen der Endstellung die Schulter ruckartig wieder etwas zurückgezogen wird. Das wird vermutlich deshalb so geübt, weil es leichter fällt eine nach innen gerichtete Bewegung stärker zu kontrahieren als eine nach außen gerichtete Bewegung. Diese Art der Bewegung reduziert aber die Endgeschwindigkeit der Faust. Zusätzlich wird die gesamte Energie im eigenen Körper spürbar, insbesondere in der Schulter. Dieser Ruck im eigenen Körper wird verwechselt mit einem starken Kime. Es ist aber nur die Wirkung der Energie im eigenen Körper.

7 Kime

In den beiden vorangegangenen Kapiteln habe ich aufgezeigt, dass die Geschwindigkeit des stoßenden Körperteils einen erheblichen Einfluss auf die Energiemenge hat, die in Verformungs-Energie in Uke eingekoppelt wird. Je größer die Geschwindigkeit ist, desto mehr kinetische Energie wird in Verformungs-Energie umgewandelt. Die Geschwindigkeit ist aber nur ein Parameter, der in diesen Prozess eingeht.

Die Festigkeit des stoßenden Körperteils ist ebenfalls von großer Bedeutung. Je weicher der stoßende Körperteil und die dahinter liegenden Beschleunigungs-Strecken sind, desto mehr Verformungs-Energie wird in Tori selbst umgewandelt und kommt dadurch nicht in Uke zur Wirkung. Ein weicher Körperteil wirkt auch wie ein Dämpfer.

Das bedeutet auch, dass der stoßende Körperteil und alle am Stoß beteiligten Muskeln in den Beschleunigungs-Strecken sehr fest in sich sein müssen, damit die Verformung in Uke geschieht.

Für diese Festigkeit im Moment des Auftreffens auf Uke wird im Karate der Begriff Kime verwendet. Kime ist die hohe Anspannung aller Körpermuskulatur, die zum Stoß beiträgt. Das Kime muss im Moment des Auftreffens auf das zu stoßende Ziel erfolgen.

Beim Kime müssen alle Muskeln des Körpers, die am Stoß beteiligt sind, und diejenigen, die die Festigkeit des Standes ausmachen, zur gleichen Zeit angespannt werden. Dieser Moment der Anspannung muss ebenfalls zeitlich sehr klein sein, damit nach dem hohen Muskeltonus im Moment des Übertrags der stoßende Körperteil wieder zurückgezogen werden kann, um die Zeit des Übertrags kurz zu halten und wieder Abstand zu Uke einnehmen zu können.

Kime muss also ebenso schnell kommen wie auch wieder abklingen.

Wichtig beim Kime ist es, dass genau so wie bei der Koordination der Beschleunigungs-Strecken die Anspannung gleichzeitig geschieht. Wenn nur ein Muskel, der beim Stoß beteiligt ist, zu früh oder zu spät angespannt wird, dann ist die Wirkung des Kimes erheblich reduziert.

Bei zu früher Anspannung eines Teils wird die Bewegung verzögert, wodurch die Endgeschwindigkeit reduziert wird und dadurch der Übertrag verlängert wird. Bei verspäteter Anspannung, also einer Anspannung erst nach dem Auftreffen, wirkt dieser Muskel, der noch keine Spannung aufweist, wie ein Dämpfungsglied und außerdem wird dieser Körperteil in Tori verformt und nimmt damit selbst eine erhebliche Menge an Energie auf, die dann nicht mehr in Uke umgewandelt werden kann.

Das Kime richtig zu trainieren bedarf vieler Jahre Übung. Häufig werden Kime-Übungen darauf gerichtet, besonders hohen Muskel-Tonus zu bekommen. Das ist im Prinzip richtig, weil auch eine sehr große Kraft auf Uke wirken soll. Wenn aber diese Optimierung allein bleibt, dann läuft man Gefahr, dass der Stoß nicht mehr so dynamisch erfolgt, also langsamer wird. Das Kime muss auch differenziert nur in den Körperteilen geübt werden, die zum Stoß beitragen oder zum festen Stand.

Welche Muskelgruppen angespannt werden müssen und zum Kime beitragen, ist wiederum abhängig von der jeweiligen Technik, die zum Stoßen verwendet wird. Kime ist also nicht gleich Kime, sondern das richtige Kime ist technikabhängig.

Auch müssen diejenigen Muskelgruppen, die die Gegenspieler (Antagonisten) der aktiven Muskeln (Agonisten) sind, eine geringere Festigkeit aufweisen, damit sie die Wirkung der aktiven Muskeln nicht verringern. Die Anspannung der Antagonisten muss aber trotzdem noch so groß sein, dass sie alle am Bewegungsablauf beteiligten Körperteile miteinander fest verbindet, damit die gesamte Masse des Körpers in den Energieübertrag eingeht.

Das eine Kime gibt es also nicht. Deshalb muss ein Kime-Training immer differenziert geübt werden, je nachdem, welche Technik unterstützt werden soll.

8 Optimierung des Energie-Übertrags

Die beiden Anforderungen für einen hohen Übertrag sind also eine
große Geschwindigkeit beim Auftreffen und eine hohe Festigkeit
im Moment des Auftreffens. Diese beiden Anforderungen scheinen
sich zu widersprechen. Ein Körper kann nicht gleichzeitig eine
hohe Festigkeit in sich haben und sich trotzdem schnell bewegen.
Dieser Widerspruch wird dadurch aufgelöst, dass beide Eigen-
schaften nicht gleichzeitig im Körper von Tori stattfinden müssen,
sondern in einem sehr kurzen Zeitintervall aufeinander folgen. Die
Härte und Festigkeit erfolgt innerhalb eines sehr kurzen Zeit-Inter-
valls nach der dynamischen Bewegung mit hoher Geschwindigkeit.

Im Moment der Berührung geht im Körper die Bewegung über von
einer sehr schnellen Bewegung in eine sehr feste Haltung (Kime).

Die Zeit, in der dieser Übergang erfolgt, ist sehr kurz und deutlich
unter den Zeiten, die im üblichen Bereich der Reaktionsgeschwin-
digkeit liegen. Im Moment des Auftreffens auf das Ziel muss die
hohe Geschwindigkeit erreicht sein. Sofort bei der Berührung
erfolgt das Kime.

Um einen Eindruck von der überwundenen Strecke in Uke zu
verschaffen verwende ich hier einige Daten und Messergebnisse,
die in den vorangegangenen Kapiteln gezeigt wurden.

Die Auftreffgeschwindigkeit sei 10m/s. Das ist eine Endgeschwindigkeit, die ein Kampfsportler gut erreichen kann.

Die Zeit, die nach der Berührung gebraucht wird, um ins vollständige Kime zu kommen, bei dem der stoßende Körperteil sich nicht
mehr bewegt, sei 10ms (1/100 Sekunde).

Weiterhin nehme ich zur Vereinfachung an, dass die Geschwindigkeit des Stoßenden Körperteils sich linear bis zum Stillstand reduziert.

Dem Auftreffpunkt setzt keine weitere Kraft als die Gegenkraft Kraft entgegen.

Unter diesen Annahmen würde der stoßende Körperteil eine 5cm weite Strecke laufen vom Punkt der höchsten Geschwindigkeit bis zum starren Kime.

Diese Rechnung soll verdeutlichen, dass die Zeiten sehr klein und trotzdem die daraus die resultierenden Strecken erheblich groß sind.

Um den Übertrag zu optimieren, müssen also mehrere verschiedene Fähigkeiten geübt werden. Ein wichtiger Aspekt ist, dass der Kampfsportler lernen muss sehr schnell zu schlagen. Um schnell schlagen zu können, müssen aber nur diejenigen Muskeln angespannt werden, die die Bewegung bewirken. Andere Muskeln müssen möglichst entspannt sein. Hierfür ist es wichtig, dass die beiden unmittelbar aufeinander folgenden Situationen des schnellen Bewegens und des harten Auftreffens motorisch getrennt werden. Häufig ist die Anspannung der Muskulatur schon im Ansatz des Schlages zu sehen. Das bewirkt aber nur, dass der Schlag langsam wird.

Um schnell zu sein, muss man also auch entspannt sein können. Andererseits braucht man ein starkes Kime, um viel Energie zu übertragen.

Ein dritter Aspekt ist die Koordination aller Körperteile, die an der Bewegung teilnehmen.

Hohe Koordination ist also innerhalb der Bewegung in den verschiedenen Bewegungsorganen erforderlich. Ebenso ist beim Kime eine hohe Koordination erforderlich in der Muskulatur, die angespannt wird. Diese beiden Aspekte allein sind schon eine hohe Anforderung an den Kampfkünstler. Hinzu kommt dann noch, dass das Zusammenspiel aus Dynamik und Kime sehr exakt abgestimmt sein muss um den höchst möglichen Übertrag zu erzeugen.

Zusammengefasst braucht man also für einen hohen Übertrag:

- schnelle Bewegung durch entspannte Muskulatur

- gute Koordination aller an der Bewegung teilnehmenden Körperteile

- starkes Kime

- hohe Dynamik im Wechsel zwischen schneller Bewegung und starkem Kime

Im Kapitel 9 werden Vorschläge unterbreitet, wie man diese Dinge üben kann.

9 Hinweise zum Training von Beschleunigungs-Strecken und Energie-Übertrag

Im Kapitel 8 wurde beschrieben, was einen hohen Übertrag ermöglicht. Hier folgen einige Vorschläge zum Training:

schnelle Bewegung durch entspannte Muskulatur

Eine Übung, die hilft, den ersten Punkt zu trainieren, ist die so genannte Progressive Muskelentspannung. Dabei werden willentlich bestimmte Muskeln oder Muskelgruppen angespannt und anschließend wieder entspannt. Hierbei ist es wichtig, dass man sich bewusst wird, welche Muskelgruppen an einer Bewegung teilhaben und welche nicht.

gute Koordination aller an der Bewegung teilnehmenden Körperteile

Der zweite Punkt bedarf ebenfalls einer Reflexion des Übenden. Jeder hat ein Bild vor sich, wie ein Bewegungsablauf sein sollte. Leider hat man nur selten ein Bild von sich selbst. Hier hilft es sich selbst bei der Ausführung bestimmter Techniken zu filmen und das Video-Material zu vergleichen mit den Vorstellungen, die man von einer guten Koordination hat.

Auch das Üben vor einem Spiegel kann sehr hilfreich sein. Ich habe erst vor einem Spiegel gesehen, dass mein Mawashi-Geri nicht funktionierte, weil ich die aktive Hüfte nicht genügend hoch gezogen hatte im Stoß. Der Spiegel kann als Hilfe zur Reflexion verwendet werden, bietet also die Möglichkeit seine eigene Bewegung zu erkennen und zu verbessern.

starkes Kime

Zum dritten Punkt gibt es eine ganze Reihe von Varianten des Trainings. Kime-Übungen sind immer verbunden mit einer richtigen Atmung. Ein Kime, mit dem ein hoher Übertrag erzeugt werden soll, muss kurz sein. Lang ausgedehnte Ausatmungen sind hier nicht zielführend. Kurze heftige Atemstöße z.B. helfen auch, im Körper nur kurze Anspannungen der Muskulatur zu ermöglichen. Der Kiai muss also ebenfalls geübt werden. Ein kurzer Kiai wird erreicht, wenn man durch Druck des Zwerchfells und Abschluss der Stimmbänder den Luftdruck in der Lunge erhöht und dann sehr schnell die Stimmbänder entspannt und die Luft mit einem Schrei aus der Lunge entlässt. Hierzu gibt es sehr viele Hilfen im Internet zu finden.

Und zu einem guten Kime-Training gehört immer auch ein Bio-Feedback. Das beste Bio-Feedback für einen Stoß mit Kime ist das Makiwara. Wenn man auch nur einen Fehler im Bewegungsablauf macht, wird das Makiwara zeigen, dass man einen Fehler gemacht hat. Wer gutes Kime und einen hohen Übertrag erreichen will, kommt an dem Training mit dem Makiwara nicht vorbei.

Auch Partnerübungen mit Kontakt sind unerlässlich. Eine gut koordinierte Technik, die auf den Bauch eines Trainingspartners platziert wird, zeigt dem Partner, ob man auf dem richtigen Weg ist. Diese Art des Trainings kann so ausgeführt werden, dass sich abwechselnd die Trainingspartner z.B. mit Gyaku-Zuki auf den Bauch schlagen. Die Techniken müssen nicht mit hoher Stärke ausgeführt werden, damit man länger trainieren kann. Eine gute Technik mit guter Koordination der Beschleunigungs-Strecken und einem zeitrichtigen Kime wird auch bei sehr geringem Krafteinsatz eine andere Wirkung erzielen. Diese „andere" Wirkung zeigt sich darin, dass der Fauststoß nicht nur auf der Auftreff-Fläche zu spüren ist, sondern auch im Unterbauch und im Hals. Die Ursache hierfür ist sehr komplex zu beschreiben und ich gehe in diesem Buch nicht darauf ein. Eine kurze Erklärung für diesen Effekt ist, dass die Energie vollständig in den Körper von Uke eingekoppelt ist und sich dann auch im Körper von Uke ausbreitet.

hohe Dynamik im Wechsel zwischen schneller Bewegung und starkem Kime

Für den letzten Punkt, hohe Dynamik im Wechsel zwischen Bewegung und Kime empfehle ich Kaeshi-Ippon-Kumite. Bei dieser Übung greift Tori mit einer Technik an und wird dann umgehend zu Uke. Das bedeutet, dass der Partner, der die erste Technik abgewehrt hat, sofort zum Gegenangriff übergeht, indem er nicht kontert, sondern mit ganzem Schritt angreift. Wenn Tori nicht sehr schnell nach dem Kime im Angriff sofort wieder entspannt, dann wird es ihm nur schwer möglich sein aus dem Gegenangriff herauszugehen. Der erste Angriff muss zwar stark sein, aber das Kime muss kurz genug sein um wieder aus dem Geschehen heraus gehen zu können.

10 Fazit

In diesem Buch wurde aufgezeigt, wie eine Stoßtechnik erfolgen muss, um viel Energie auf den Gestoßenen zu übertragen und dort im Körper wirken zu lassen und nicht lediglich den Gestoßenen weg zu schubsen. Die Form, die hier beschrieben wurde, gilt aber nur für einen Schlag oder Stoß, der mit einem harten Körperteil auf einen weichen Körperteil ausgeführt wird.

In anderer Konstellation müssen die Stöße auch anders durchgeführt werden. Je nachdem, wohin man die aufgebrachte Energie wirken lassen möchte, muss die Bewegung anders ausgeführt werden. Wenn ein harter Körperteil auf einen ebenfalls harten Körperteil trifft, oder ein weicher Körperteil (z.B. Handballen) auf einen harten Körperteil trifft, sind unterschiedliche Bewegungsmuster einzuhalten, um hohe Wirkung zu erreichen. Diese Themen wären eine gute Erweiterung zu den vorliegenden Studien und bieten weitere Möglichkeiten für physikalische Untersuchungen.